하루 한 편
윤동주를 새기다

하루 한 편
윤동주를 새기다

Copyright © 2022 by Youngjin.com Inc.
401, STX-V Tower, 128, Gasan digital 1-ro, Geumcheon-gu, Seoul, Republic of Korea.
All rights reserved. First published by Youngjin.com. in 2022. Printed in Korea
저작권법에 의해 한국 내에서 보호를 받는 저작물이므로 무단 전재와 복제를 금합니다.

ISBN 978-89-314-6538-9

독자님의 의견을 받습니다
이 책을 구입한 독자님은 영진닷컴의 가장 중요한 비평가이자 조언가입니다. 저희 책의 장점과 문제점이 무엇인지, 어떤 책이 출판되기를 바라는지, 책을 더욱 알차게 꾸밀 수 있는 아이디어가 있으면 이메일, 또는 우편으로 연락주시기 바랍니다. 의견을 주실 때에는 책 제목 및 독자님의 성함과 연락처(전화번호나 이메일)를 꼭 남겨 주시기 바랍니다. 독자님의 의견에 대해 바로 답변을 드리고, 또 독자님의 의견을 다음 책에 충분히 반영하도록 늘 노력하겠습니다.

파본이나 잘못된 도서는 구입처에서 교환 및 환불해드립니다.

이메일 : book2@youngjin.com
주 소 : (우)08507 서울특별시 금천구 가산디지털1로 128 STX-V타워 4층 401호 (주) 영진닷컴 기획2팀
등 록 : 2007. 4. 27. 제16-4189호

STAFF
저자 윤동주 | **총괄** 이혜영 | **진행** 이화연 | **디자인·편집** 김효정 | **영업** 박준용, 임용수, 김도현
마케팅 이승희, 김근주, 조민영, 김도연, 채승희, 김민지, 임해나, 이다운 | **제작** 황장협 | **인쇄** 예림인쇄

하루 한 편
윤동주를 새기다

YoungJin.com Y.
영진닷컴

윤동주를 새길 _____에게

필사, 따라 쓰다

백석을 필사한 윤동주

　필사란 붓 필(筆)과 베낄 사(寫)의 한자를 사용해 '베껴서 쓰다'라는 뜻을 가집니다. 손을 이용해 글을 쓰는 행위가 문해력을 높인다는 사실은 이미 자명하고, 깊은 독서를 가능케 하며 어릴 적 글쓰기는 자존감 형성에 도움을 주기도 합니다.
　시를 옮겨 적으며 시어가 내포한 이미지를 떠올리고, 자신과 비슷한 처지의 시를 감상하고 필사하다 보면 시인의 경험을 간접 체험하고 감정에 공감하게 되므로 간접적인 글쓰기의 효과를 가집니다. 윤동주 시인 역시 백석 시인의 시집을 필사하였습니다.

필사로 하는 자기 치유

　글쓰기는 아주 오래전부터 정신건강 분야에서 인정받아온 치료법입니다. 간접적인 글쓰기 과정에서 우리는 가둬 놓았던 감정을 배출하기도 하고, 시어에 빠져들며 카타르시스를 느낄 수 있는데, 이를 통하여 곧 정서적 위안과 자아 성찰의 열매를 얻는 것입니다.
　필사함으로써 시를 이루는 은유적 표현이 가지는 의미의 변화와 관계의 확장을 배우며, 감각의 환기를 일으켜 우리가 훨씬 풍부하고 다채로운 세상을 보게 합니다. 세상을 관찰하는 넓은 시야각은 폭넓은 생각으로 우리를 이끌고 자연스레 문제 해결력과 자기 치료의 능력을 키울 수 있게 합니다.

독립운동의 얼이 담긴 필사

아름다운 민족시를 독립운동가 김구, 안중근, 윤봉길, 한용운의 서체로 담았습니다. 기록이 남아 있는 글씨들을 모아 연구하여 현대의 디지털 폰트로 구현한 독립 서체-GS 칼텍스 독립서체 캠페인^{gscaltexmediahub.com}, 공유마당^{gongu.copyright.or.kr} 도움-로 당시로 당시 독립운동가들의 얼을 느낄 수 있습니다.

명필로 적힌 명시를 한 자씩 따라 쓰다 보면 독립운동의 정신을 계승하고 그 숭고함을 오래 간직할 수 있을 것입니다.

시를 새기는 방법

꼭 따라 써야 하는 과제로 받아들이지는 마세요. 우리가 그분들을 매일 상기하지는 않지만 잊지 않았듯, 마음 한곳에 두었다가 꺼내 읽고 감상하세요. 그러다가 마음이 동하는 시구를 만나게 된다면 책갈피를 꽂아 두어도 되고, 한쪽 귀퉁이를 접어 두어도 되고, 연필이나 펜으로 동그라미를 그려도 됩니다. 책의 형태와 시어 해석에 얽매이지 말고 자유롭게 다루며 천천히 음미하다 보면 시는 우리에게 자연스럽게 새겨집니다.

윤동주의 정신적 소묘

고석규

　윤동주의 시는 우리 문학의 가장 암흑기에 마련된 것이다. 전 50여편의 유고시는 거의 표백적인 인간 상태와 무잡(蕪雜)한 상실을 비쳐 내던 말세적 공백에 있어서 불후한 명맥을 감당하는 유일한 정신군(精神群)이었다. '두려움'을 청산하기 위한 내면의식과 이미지의 이채로운 확산, 그리고 심미적 응결과 우주에의 영원한 손짓은 그의 28년 생애를 지지한 실존이었다. '부재자'에 대한 위협이 암흑적 영역으로 문을 열었을 때, 거기서 윤동주는 무한행렬의 한 사람이 되어 지변(遲變)도 변화도 없는 거리를 눈과 입과 귀를 막고 그대로 걸었다. 영원의 해결이라는 절대의 소산(消散)은 부정 이전에 있어야만 할 것이었다.

　초기에 쓰인 동요의 그 소방한 서정의 관조는 비실재에 대한 황홀과 투시로서 더욱 미화된 하나의 정경이었다. 그리고 그러한 정경의 중심에서 그는 언제나 자기 스스로의 조응과 영상을 반사해 내는 직관의 추출을 게을리하지 않았던 것이다. 여기에 있어서 시간이란 미래적 기점에서 파악되는 연달은 흐름이었다. 영원한 유동의식이 미화의 표현이었다. 아니, 세계의 판단이었다. 시종적 회의에서 비롯한 윤동주의 미래적 세계상이라는 '아름다움'과 연합한 '정경의식'이었음을 새삼 알게 되는 것이다. 서정은 부정정신의 해소를 목적으로한 것이다.

　시인 윤동주의 정신 속에 내재된 허무적 정경의식 또는 아름다움을 생각하는 의식은 하나의 중추적 발현이 아니었는가를 다시금 반문하는 것이다. 의식은 대체로 체험에 있어서의 총파악의 집결을 뜻한다. 그러므로 모든 공간과 시간의 초한계(超限界)에서 말하자면, 의식은 비형태적 지속 속에서 이루어진 것이며 존재와의 조우에서 어떤 분열된 의미를 더욱 더 촉진하는 것이다.

　인간 윤동주에 있어서 밤은 우주와의 교류이며, 부재자와의 응시이며, 대화의 연속이었다. 그는 대부분의 시를 이러한 밤의 인상과 의식의 주변에서 결정하였으니 그것은 그에게 내재한 투명 의식이 암흑적 정경 속에서도 충만한 까닭이었다. 이들은 그의 전 작품에 불가결한 이면(二面)을 각기 형성하면서 전자가 환원적

귀의의 희망이었던 것과 후자의 기반적基盤的 귀속의 절망을 저로 융합케 하는 심오한 조화로서 나타났다.

한편, 이 대립은 끝없는 밤의 흐름 속에서 그를 높이 싼 전면적 우주와 그를 둘러싼 부재자의 영상과의 이중 경험으로서 헤아릴 수 없는 '심연'의 개재介在를 제시한 것이었다. 심연은 우주, 본래의 자연과 부재자, 즉 의식의 자연과의 절충에서 말하자면 소산消散과 응고, 투명과 암영의 중간에서 그에게 동일적 배회를 지속시킨다. 심미적 우주에 반하여 위협적 부재자의 인식은 점점 유동하는 심연의 층적에서 이상한 포용 상태를 이루었다. 세계의 지침은 그 방향으로 존립할 수 없는 변화의 피안에서 마지막 유괴를 목 놓아 부른다.

세계 정경의 '동지섣달에도 꽃과 같은 어름 아래서' 그는 부재자와의 동반을 영원히 파악한 것이며 저 절정의 공백으로 저 회귀원의 붕괴적 양상으로 소리없이 스쳐가야만 했다.

쟁쟁錚錚한 야적夜賊은 무한시공의 길을 여는데 어찌하여 '백골'은 따라와 함께 우는 것이며 또 밖에서 '지조 높은 개가 어둠을 짖는' 것인가. 끝내 트여올 새벽을 동주는 믿었던가. 어느 세상의 여명을 그는 믿었던가. 그리하여 아름다운 고향의 문은 열리는 것인가, 무엇이 한 인간의 실재를 지속케 하였으며 그의 '처열凄熱한 이유'를 시로써 적게 하였는가. 세기의 공백지대에 떨어져 간 28년의 피묻은 자욱은 그 어느 날 불명한 '신전'에서 아름다운 꽃으로 새로 필 것이었다.

윤동주 그는 희박적 우주에의 부단한 대결로 말미암아 끝내 제명된 젊은 수인囚人이다. 우리들은 아무런 체계도 수립도 없이 무한행렬을 기피하지 않았던, 그의 무자비한 내전을 어떤 정신적 의미에서 이야기할 더 많은 자리를 사양치 말 것이다. 나는 단숨에 적어 버린 나의 소모가 더욱 충실한 앞날에 이르기를 몇 번이나 생각하며 이 장의 끝을 내린다.

006   여는 말 : 필사, 따라 쓰다
008   고석규 평론 : 윤동주의 정신적 소묘

1장

016   삶과 죽음
018   서시
020   새로운 길
022   새벽이 올 때까지
024   소낙비
026   소년
028   쉽게 쓰여진 시
032   슬픈 족속
034   아우의 인상화
036   산골물
038   별 헤는 밤
042   비 오는 밤
044   빨래
046   해바라기 얼굴
048   바람이 불어
050   아침

2장

054 초 한 대
056 코스모스
058 태초의 아침
060 투르게네프의 언덕
064 황혼
066 창공
068 종달새
070 어머니
072 오후의 구장
074 울적
076 위로
078 유언
080 이런 날
082 황혼이 바다가 되어
084 창
086 이별
088 자 화 상
090 장

3장

- 094 참회록
- 096 장미 병들어
- 098 바다
- 100 무서운 시간
- 102 못 자는 밤
- 104 사과
- 106 산울림
- 108 조개껍질
- 110 참새
- 112 창구멍
- 114 편지
- 116 버선본
- 118 무얼 먹고 사나
- 120 고향집 - 만주에서 부른
- 122 기왓장 내외
- 124 나무
- 126 둘 다
- 128 돌아와 보는 밤

4장

- 132 반딧불
- 134 호주머니
- 136 눈 감고 간다
- 138 간판 없는 거리
- 140 달같이
- 142 거리에서
- 144 또 다른 고향
- 146 달밤
- 148 내일은 없다. - 어린 마음에 물은
- 150 가슴 1
- 152 가슴 2
- 154 모란봉에서
- 156 길
- 158 그 여자
- 160 개
- 162 식권
- 164 양지쪽
- 166 한난계
- 170 흐르는 거리

1장

1917년 12월 30일
윤영석과 김룡의 아들 윤동주 출생

삶과 죽음

삶은 오늘도 죽음의 서곡을 노래하였다.
이 노래가 언제나 끝나랴

세상 사람은—
뼈를 녹여내는 듯한 삶의 노래에
춤을 춘다
사람들은 해가 넘어가기 전
이 노래 끝의 공포를
생각할 사이가 없었다.

하늘 복판에 아로새기듯이
이 노래를 부른 자가 누구뇨

그리고 소낙비 그친 뒤같이도
이 노래를 그친 자가 누구뇨

죽고 뼈만 남은
죽음의 승리자 위인들!

서시

죽는 날까지 하늘을 우러러
한 점 부끄럼이 없기를,
잎새에 이는 바람에도
나는 괴로워했다.
별을 노래하는 마음으로
모든 죽어가는 것을 사랑해야지.
그리고 나한테 주어진 길을
걸어가야겠다.

오늘 밤에도 별이 바람에 스치운다.

서시

죽는 날까지 하늘을 우러러
한 점 부끄럼이 없기를.
잎새에 이는 바람에도
나는 괴로워했다.
별을 노래하는 마음으로
모든 죽어가는 것을 사랑해야지.
그리고 나한테 주어진 길을
걸어가야겠다.

오늘 밤에도 별이 바람에 스치운다.

새로운
길

내를 건너서 숲으로
고개를 넘어서 마을로

어제도 가고 오늘도 갈
나의 길 새로운 길

민들레가 피고 까치가 날고
아가씨가 지나고 바람이 일고

나의 길은 언제나 새로운 길
오늘도…… 내일도……

내를 건너서 숲으로
고개를 넘어서 마을로

새벽이 올 때까지

그들 죽어가는 사람들에게
검은 옷을 입히시오.

그들 살아가는 사람들에게
흰 옷을 입히시오.

그리고 한 침실에
가지런히 잠을 재우시오

그들 울거들랑
젖을 먹이시오

이제 새벽이 오면
나팔 소리 들려올 지외라.

새벽이 올 때까지

저들 죽어가는 사람들에게
검은 옷을 입히시오.

저들 살아가는 사람들에게
흰 옷을 입히시오.

그리고 한 침실에
가지런히 잠을 재우시오

저들 울거들랑
젖을 먹이시오

이제 새벽이 오면
나팔 소리 들려올 지외다.

소낙비

번개, 뇌성, 왁자지근 뚜다려
먼 도회지에 낙뢰가 있어만 싶다.

벼루장 엎어논 하늘로
살 같은 비가 살처럼 쏟아진다.

손바닥만 한 나의 정원이
마음같이 흐린 호수되기 일쑤다.

바람이 팽이처럼 돈다.
나무가 머리를 이루 잡지 못한다.

내 경건한 마음을 모셔드려
노아 때 하늘을 한 모금 마시다.

윤동주를 새기다

소년

　여기저기서 단풍잎 같은 슬픈 가을이 뚝뚝 떨어진다. 단풍잎 떨어져 나온 자리마다 봄을 마련해 놓고 나뭇가지 위에 하늘이 펼쳐 있다. 가만히 하늘을 들여다보려면 눈썹에 파란 물감이 든다. 두 손으로 따뜻한 볼을 쓸어보면 손바닥에도 파란 물감이 묻어난다. 다시 손바닥을 들여다본다. 손금에는 맑은 강물이 흐르고, 맑은 강물이 흐르고, 강물 속에는 사랑처럼 슬픈 얼굴―아름다운 순이(順伊)의 얼굴이 어린다. 소년은 황홀히 눈을 감아 본다. 그래도 맑은 강물은 흘러 사랑처럼 슬픈 얼굴―아름다운 순이의 얼굴은 어린다.

쉽게 쓰여진 시

창밖에 밤비가 속살거려
육첩방은 남의 나라.

시인이란 슬픈 천명인 줄 알면서도
한 줄 시를 적어 볼까.

땀내와 사랑내 포근히 품긴
보내 주신 학비 봉투를 받아

대학 노트를 끼고
늙은 교수의 강의 들으러 간다.

생각해 보면 어린 때 동무를
하나, 둘, 죄다 잃어버리고

나는 무얼 바라
나는 다만, 홀로 침전하는 것일까?

인생은 살기 어렵다는데
시가 이렇게 쉽게 쓰여지는 것은
부끄러운 일이다.

육첩방은 남의 나라
창밖에 밤비가 속살거리는데,

등불을 밝혀 어둠을 조금 내몰고
시대처럼 올 아침을 기다리는 최후의 나,

나는 나에게 작은 손을 내밀어
눈물과 위안으로 잡는 최초의 악수.

쉽게 쓰여진 시

창밖에 밤비가 속살거려
육첩방은 남의 나라.

시인이란 슬픈 천명인 줄 알면서도
한 줄 시를 적어 볼까.

땀내와 사랑내 포근히 품긴
보내 주신 학비 봉투를 받아

대학 노트를 끼고
늙은 교수의 강의 들으러 간다.

생각해 보면 어린 때 동무를
하나, 둘, 죄다 잃어버리고

나는 무얼 바라
나는 다만, 홀로 침전하는 것일까?

인생은 살기 어렵다는데
시가 이렇게 쉽게 쓰여지는 것은
부끄러운 일이다.

육첩방은 남의 나라
창밖에 밤비가 속살거리는데,

등불을 밝혀 어둠을 조금 내몰고
시대처럼 올 아침을 기다리는 최후의 나,

나는 나에게 작은 손을 내밀어
눈물과 위안으로 잡는 최초의 악수.

슬픈
족속族屬

흰 수건이 검은 머리를 두르고
흰 고무신이 거친 발에 걸리우다.

흰 저고리 치마가 슬픈 몸집을 가리고
흰 띠가 가는 허리를 질끈 동이다.

아우의 인상화

붉은 이마에 싸늘한 달이 서리어
아우의 얼굴은 슬픈 그림이다.

발걸음을 멈추어
살그머니 애띤 손을 잡으며

"너는 자라 무엇이 되려니"
"사람이 되지"
아우의 설은 진정코 설은 대답이다.

슬며시 잡았던 손을 놓고
아우의 얼굴을 다시 들여다본다.

싸늘한 달이 붉은 이마에 젖어
아우의 얼굴은 슬픈 그림이다.

산골물

괴로운 사람아 괴로운 사람아

옷자락 물결 속에서도

가슴 속 깊이 돌돌 샘물이 흘러

이 밤을 더불어 말할 이 없도다.

거리의 소음과 노래 부를 수 없도다.

그신 듯이 냇가에 앉았으니

사랑과 일을 거리에 맡기고

가만히 가만히

바다로 가자,

바다로 가자.

산골물

괴로운 사람아 괴로운 사람아
옷자락 물결 속에서도
가슴 속 깊이 돌돌 샘물이 흘러
이 밤을 더불어 말할 이 없도다.
거리의 소음과 노래 부를 수 없도다.
그신 듯이 냇가에 앉았으니
사랑과 일을 거리에 맡기고

가만히 가만히
바다로 가자.
바다로 가자.

별
헤는
밤

계절이 지나가는 하늘에는
가을로 가득 차 있습니다.

나는 아무 걱정도 없이
가을 속의 별들을 다 헬 듯합니다.

가슴속에 하나둘 새겨지는 별을
이제 다 못 헤는 것은
쉬이 아침이 오는 까닭이요
내일 밤이 남은 까닭이요
아직 나의 청춘이 다하지 않은 까닭입니다.

별 하나에 추억과
별 하나에 사랑과
별 하나에 쓸쓸함과
별 하나에 동경과
별 하나에 시와,
별 하나에 어머니, 어머니,

어머님, 나는 별 하나에 아름다운 말 한마디씩 불러 봅니다. 소학교 때 책상을 같이 했던 아이들의 이름과 패佩, 경鏡, 옥玉, 이런 이국 소녀들의 이름과 벌써 아기 어머니 된 계집애들의 이름과 가난한 이웃 사람들의 이름과 비둘기, 강아지, 토끼, 노새, 노루, '프랑시스 잠Francis Jammes', '라이너 마리아 릴케Rainer Maria Rilke' 이런 시인의 이름을 불러 봅니다.

이네들은 너무나 멀리 있습니다.
별이 아스라이 멀듯이.

어머님,
그리고 당신은 멀리 북간도에 계십니다.

나는 무엇인지 그리워
이 많은 별빛이 내린 언덕 위에
내 이름자를 써 보고
흙으로 덮어 버리었습니다.

딴은 밤을 새워 우는 벌레는
부끄러운 이름을 슬퍼하는 까닭입니다.
그러나 겨울이 지나고 나의 별에도 봄이 오면
무덤 위에 파란 잔디가 피어나듯
이내 이름자 묻힌 언덕 위에도
자랑처럼 풀이 무성할 거외다.

비오는 밤

써! 철썩! 파도 소리 문살에 부서져

잠 살포시 끊어 흩어진다.

잠은 한낮 검은 고래 떼처럼 살래어,

달랠 아무런 재주도 없다.

불을 밝혀 잠옷을 정성스리 여미는

삼경三更[1]

연원.

동경의 땅 장난에 또 홍수질 것만 싶어,

바다의 향수보다 더 호젓해진다.

[1] 삼경 : 깊은 밤

비오는 밤

너! 철석! 파도 소리 문살에 부서져
잠 살포시 끊어진다.

잠은 한낮 검은 고래 떼처럼 살찌어,
달랠 아무런 재주도 없다.

불을 밝혀 잠옷을 정성스레 여미는
삼경.
염원.

동경의 땅 강남에 또 홍수질 것만 싶어,
바다의 향수보다 더 호젓해진다.

빨래

빨랫줄에 두 다리를 드리우고
흰 빨래들이 귓속 이야기하는 오후,

쨍쨍한 칠월 햇발은 고요히도
아담한 빨래에만 달린다.

해바라기 얼굴

누나의 얼굴은
해바라기 얼굴
해가 금방 뜨자
일터에 간다.

해바라기 얼굴은
누나의 얼굴
얼굴이 숙어들어
집으로 온다.

바람이 불어

바람이 어디로부터 불어와
어디로 불려 가는 것일까,

바람이 부는데
내 괴로움에는 이유가 없다.

내 괴로움에는 이유가 없을까,

단 한 여자를 사랑한 일도 없다.
시대를 슬퍼한 일도 없다.

바람이 자꾸 부는데
내 발이 반석 위에 섰다.

강물이 자꾸 흐르는데
내 발이 언덕 위에 섰다.

아침

휙, 휙, 휙,
소꼬리가 부드러운 채찍질로
어둠을 쫓아,
캄, 캄, 어둠이 깊다 깊다 밝으오.

이제 이 동리(洞里)의 아침이
풀살 오른 소 엉덩이처럼 푸르오.
이 동리 콩죽 먹은 사람들이
땀물을 뿌려 이 여름을 길렀소.
잎, 잎, 풀잎마다 땀방울이 맺혔소.

구김살 없는 이 아침을
심호흡하오 또 하오.

아침

휙, 휙, 휙,
소꼬리가 부드러운 채찍질로
어둠을 쫓아,
깜, 깜, 어둠이 깁다 깁다 밝으오.

이제 이 동리의 아침이
풀살 오른 소 엉덩이처럼 푸르오.
이 동리 콩죽 먹은 사람들이
땀물을 뿌려 이 여름을 길렀소.
일, 일, 풀일마다 땀방울이 맺혔소.

구김살 없는 이 아침을
심호흡하오 또 하오.

2장

1943년 7월 14일
독립운동 혐의로 검거

초 한 대

초 한 대-
내 방에 품긴 향내를 맡는다.

광명의 제단이 무너지기 전
나는 깨끗한 제물을 보았다.

염소의 갈비뼈 같은 그의 몸
그의 생명인 심지까지
백옥 같은 눈물과 피를 흘려
불살라 버린다.

그리고도 책상머리에 아롱거리며
선녀처럼 촛불은 춤을 춘다.

매를 본 꿩이 도망하듯이
암흑이 창구멍으로 도망한

나의 방에 품긴
제물의 위대한 향내를 맛보노라.

코스모스

청초한 코스모스는
오직 하나인 나의 아가씨,

달빛이 싸늘히 추운 밤이면
옛 소녀가 못 견디게 그리워
코스모스 핀 정원으로 찾아간다.

코스모스는
귀또리 울음에도 수줍어지고,

코스모스 앞에선 나는
어렸을 적처럼 부끄러워지나니,

내 마음은 코스모스의 마음이오
코스모스의 마음은 내 마음이다.

태초의 아침

봄날 아침도 아니고
여름, 가을, 겨울,
그런 날 아침도 아닌 아침에

빨간 꽃이 피어났네,
햇빛이 푸른데,

그 전날 밤에
그 전날 밤에
모든 것이 마련되었네,

사랑은 뱀과 함께
독은 어린 꽃과 함께.

태초의 아침

봄날 아침도 아니고
여름, 가을, 겨울,
그런 날 아침도 아닌 아침에

빨간 꽃이 피어났네.
햇빛이 푸른데,

그 전날 밤에
그 전날 밤에
모든 것이 마련되었네,

사랑은 뱀과 함께
독은 어린 꽃과 함께.

투르게네프의 언덕

나는 고갯길을 넘고 있었다…… 그때 세 소년 거지가 나를 지나쳤다.

첫째 아이는 잔등에 바구니를 둘러메고,

바구니 속에는 사이다병, 간즈메통[2], 쇳조각,

헌 양말짝 등 폐물(廢物)이 가득하였다.

둘째 아이도 그러하였다.

셋째 아이도 그러하였다.

텁수룩한 머리털 시커먼 얼굴에 눈물 고인 충혈된 눈, 색 잃어 푸르스럼한 입술, 너들너들한 남루(襤褸),

찢겨진 맨발,

아아 얼마나 무서운 가난이 이 어린 소년들을

삼키었느냐!

나는 측은한 마음이 움직이었다.

나는 호주머니를 뒤지었다. 두툼한 지갑, 시계,

손수건,…… 있을 것은 죄다 있었다.

그러나 무턱대고 이것들을 내줄 용기는 없었다.

손으로 만지작만지작거릴 뿐이었다.

2 간즈메통 : 깡통

다정스레 이야기나 하리라 하고 "얘들아" 불러 보았다.
첫째 아이가 충혈된 눈으로 흘끔 돌아다 볼 뿐이었다.
둘째 아이도 그러할 뿐이었다.
셋째 아이도 그러할 뿐이었다.
그리고는 너는 상관없다는 듯이 자기네끼리 소근소근 이야기하며 고개로 넘어갔다.
언덕 위에는 아무도 없었다.
짙어가는 황혼이 밀려들 뿐

황혼

햇살은 미닫이 틈으로
길죽한 일자를 쓰고…… 지우고……

까마귀 떼 지붕 위로
둘, 둘, 셋, 넷, 자꾸 날아 지난다.
쑥쑥, 꿈틀꿈틀 북쪽 하늘로,

내사……
북쪽 하늘에 나래를 펴고 싶다.

황혼

햇살은 미닫이 틈으로
길쭉한 일자를 쓰고…… 지우고……

까마귀 떼 지붕 위로
둘, 둘, 셋, 넷 자꾸 날아 지난다.
쑥쑥, 꿈틀꿈틀 북쪽 하늘로.

내사……
북쪽 하늘에 나래를 펴고 싶다.

창공

그 여름날

열정의 포푸라[3]는

오려는 창공의 푸른 젖가슴을

어루만지려

팔을 펼쳐 흔들거렸다.

끓는 태양 그늘 좁다란 지점에서.

천막 같은 하늘 밑에서

떠들던 소나기

그리고 번개를,

춤추던 구름은 이끌고

남방으로 도망하고,

높다랗게 창공은 한 폭으로

가지 위에 퍼지고

둥근달과 기러기를 불러왔다.

푸르른 어린 마음이 이상(理想)에 타고,

그의 동경(憧憬)의 날 가을에

조락[4]의 눈물을 비웃다.거미란 놈이 흉한 심보로 병원 뒤뜰

---

3 포푸라 : 포플러Poplar – 사시나무속 식물의 총칭

4 조락 : 시들어 떨어짐

종달새

종달새는 이른 봄날

질디진 거리의 뒷골목이

싫더라.

명랑한 봄하늘,

가벼운 두 나래를 펴서

요연한 봄노래가

좋더라,

그러나,

오늘도 구멍 뚫린 구두를 끌고,

훌렁훌렁 뒷거리길로

고기 새끼 같은 나는 해매나니,

나래와 노래가 없음인가

가슴이 답답하구나,

종달새

종달새는 이른 봄날
질디진 거리의 뒷골목이
싫더라.
명랑한 봄 하늘,
가벼운 두 나래를 펴서
요연한 봄노래가
좋더라,
그러나,
오늘도 구멍 뚫린 구두를 끌고,
훌렁훌렁 뒷거리길로
고기 새끼 같은 나는 헤매나니,
나래와 노래가 없음인가
가슴이 답답하구나,

어머니

어머니!
젖을 빨려 이 마음을 달래어 주시오.
이 밤이 자꾸 서러워지나이다.

이 아이는 턱에 수염자리 잡히도록
무엇을 먹고 자랐나이까?
오늘도 흰 주먹이
입에 그대로 물려 있나이다.

어머니
부서진 납 인형도 싫어진 지
벌써 오랩니다

철비가 후누주군이 내리는 이 밤을
주먹이나 빨면서 새우리까?
어머니! 그 어진 손으로
이 울음을 달래어 주시오.

윤동주를 새기다

오후의 구장 球場

늦은 봄 기다리던 토요일 날
오후 세 시 반의 경성행 열차는 석탄 연기를 자욱이 품기고
지나가고

한 몸을 끌기에 강하던
공이 자력을 잃고
한 모금의 물이
불붙는 목을 축이기에
넉넉하다.
젊은 가슴의 피 순환이 잦고,
두 철각鐵脚이 늘어진다.

검은 기차 연기와 함께
푸른 산이
아지랑이 저쪽으로
가라앉는다.

윤동주를 새기다

울적

처음 피워 본 담배 맛은
아침까지 목 안에서 간질간질 타.

어젯밤에 하도 울적하기에
가만히 한 대 피워 보았더니.

울적

처음 피워 본 담배 맛은
아침까지 목 안에서 간질간질 타

어젯밤에 하도 울적하기에
가만히 한 대 피워 보았더니

위로

거미란 놈이 흉한 심보로 병원 뒤뜰 난간과 꽃밭 사이 사람 발이 잘 닿지 않는 곳에 그물을 쳐 놓았다. 옥외 요양을 받는 젊은 사나이가 누워서 쳐다보기 바르게—

나비가 한 마리 꽃밭에 날아들다 그물에 걸리었다. 노—란 날개를 파득거려도 파득거려도 나비는 자꾸 감기우기만[5] 한다. 거미가 쏜살같이 가더니 끝없는 끝없는 실을 뽑아 나비의 온몸을 감아 버린다. 사나이는 긴 한숨을 쉬었다.

나이보담 무수한 고생 끝에 때를 잃고 병을 얻은 이 사나이를 위로할 말이— 거미줄을 헝클어 버리는 것밖에 위로의 말이 없었다.

[5] 감기우기만 : 감기기만

유언

훤한 방에
유언은 소리 없는 입놀림.

바다에 진주 캐러 갔다는 아들
해녀(海女)와 사랑을 속삭인다는 맏아들
이 밤에사 돌아오나 내다봐라

평생 외롭던 아버지의 운명
감기우는 눈에 슬픔이 어린다.
외딴집에 개가 짖고
휘양찬 달이 문살에 흐르는 밤.

유언

휑한 방에
유언은 소리 없는 입놀림.

바다에 진주 캐러 갔다는 아들
해녀와 사랑을 속삭인다는 맏아들
이 밤에사 돌아오나 내다봐라

평생 외롭던 아버지의 운명
감기우는 눈에 슬픔이 어린다.
외딴집에 개가 짖고
휘양찬 달이 문살에 흐르는 밤.

이런 날

사이좋은 정문의 두 돌기둥 끝에서
오색기와 태양기가 춤을 추는 날,
금을 그은 지역의 아이들이 즐거워하다.

아이들에게 하루의 건조한 학과로
해말간 권태가 깃들고
'모순' 두 자를 이해치 못하도록
머리가 단순하였구나.

이런 날에는
잃어버린 완고하던 형을
부르고 싶다.

윤동주를 새기다

황혼이 바다가 되어

:

하루도 검푸른 물결에
흐느적 잠기고…… 잠기고……

저— 웬 검은 고기 떼가
물든 바다를 날아 횡단할고.

낙엽이 된 해초
해초마다 슬프기도 하오.

서창西窓에 걸린 해말간 풍경화.
옷고름 너어는 고아의 설움.

이제 첫 항해하는 마음을 먹고
방바닥에 나뒹구오…… 뒹구오……

황혼이 바다가 되어
오늘도 수많은 배가 나와 함께 이 물결에 잠겼을 게오.

창

쉬는 시간마다
나는 창녘으로 갑니다.

─창은 산 가르침.

이글이글 불을 피워 주소,
이 방에 찬 것이 서립니다.

단풍잎 하나
맴도나 보니
아마도 자그마한 선풍이 인 게외다.

그래도 싸느란 유리창에
햇살이 쨍쨍한 무렵,
상학종[6]이 울어만 싶습니다.

---

[6] 상학종 : 공부의 시작을 알리는 학교 종

이별

눈이 오다 물이 되는 날

잿빛 하늘에 또 뿌연 내, 그리고

크다란 기관차는 빼액 울며,

조고만 가슴은 울렁거린다.

이별이 너무 재빠르다, 안타깝게도,

사랑하는 사람을,

일터에서 만나자 하고-

더욱 손의 맛과 구슬 눈물이 마르기 전

기차는 꼬리를 산굽으로 돌렸다.

이별

눈이 오다 물이 되는 날
잿빛 하늘에 또 뿌연 내, 그리고
크다란 기관차는 빼액 울며,
조고만 가슴은 울렁거린다.

이별이 너무 재빠르다, 안타깝게도,
사랑하는 사람을,
일터에서 만나자 하고 —

더욱 손의 맛과 구슬 눈물이 마르기 전
기차는 꼬리를 산굽으로 돌렸다.

자 화 상

산모퉁이를 돌아 논가 외딴 우물을 홀로 찾아가선
가만히 들여다봅니다.

우물 속에는 달이 밝고 구름이 흐르고 하늘이 펼치고 파아
란 바람이 불고 가을이 있습니다.

그리고 한 사나이가 있습니다.
어쩐지 그 사나이가 미워져 돌아갑니다.

돌아가다 생각하니 그 사나이가 가엾어집니다.
도로 가 들여다보니 사나이는 그대로 있습니다.

다시 그 사나이가 미워져 돌아갑니다.
돌아가다 생각하니 그 사나이가 그리워집니다.

우물 속에는 달이 밝고 구름이 흐르며
하늘이 펼치고 파아란 바람이 불고 가을이 있고
추억처럼 사나이가 있습니다.

장

이른 아침 아낙네들은 시들은 생활을

바구니 하나 가득 담아 이고……

엎고 지고…… 안고 들고……

모여드소 자꾸 장에 모여드소.

가난한 생활을 골골이 버려 놓고

밀려가고 밀려오고……

제마다 생활을 외치오…… 싸우오.

왼 하루 올망졸망한 생활을

되질하고 저울질하고 자질하다가

날이 저물어 아낙네들이

쓴 생활과 바꾸어 또 이고 돌아가오.

장

이른 아침 아낙네들은 시들은 생활을

바구니 하나 가득 담아 이고……

업고 지고…… 안고 들고……

모여드오 자꾸 장에 모여드오.

가난한 생활을 골골이 벌여 놓고

밀려가고 밀려오고……

제마다 생활을 외치오…… 싸우오.

왼 하루 올망졸망한 생활을

되질하고 저울질하고 자질하다가

날이 저물어 아낙네들이

쓴 생활과 바꾸어 또 이고 돌아가오.

3장

1945년 2월 13일
후쿠오카 형무소에서 옥사. 향년 27세

참회록

파란 녹이 낀 구리거울 속에
내 얼굴이 남아 있는 것은
어느 왕조의 유물이기에
이다지도 욕될까.

나는 나의 참회의 글을 한 줄에 줄이자.
―만 이십사 년 일 개월을
무슨 기쁨을 바라 살아왔던가.

내일이나 모레나 그 어느 즐거운 날에
나는 또 한 줄의 참회록을 써야 한다.
―그때 그 젊은 나이에
왜 그런 부끄런 고백을 했던가.

밤이면 밤마다 나의 거울을
손바닥으로 발바닥으로 닦아 보자.

그러면 어느 운석 밑으로 홀로 걸어가는
슬픈 사람의 뒷모양이
거울 속에 나타나 온다.

장미 병들어

장미 병들어
옮겨 놓을 이웃이 없도다.

딸랑딸랑 외로이
황마차[7] 태워 산에 보낼거나

푸— 구슬피
화륜선[8] 태워 대양에 보낼거나

프로펠러 소리 요란히
비행기 태워 성층권에 보낼거나

이것 저것
다 그만두고

자라가는 아들이 꿈을 깨기 전(前)
이내 가슴에 묻어다오.

---

7 황마차 : 포장을 둘러친 마차
8 화륜선 : 증기를 동력으로 하는 배의 옛말

장미 병들어

장미 병들어
옮겨 놓을 이웃이 없도다.

달랑달랑 외로이
한마차 태워 산에 보낼거나

뚜— 구슬피
화륜선 태워 대양에 보낼거나

프로펠러 소리 요란히
비행기 태워 성층권에 보낼거나

이것 저것
다 그만두고

자라가는 아들이 꿈을 깨기 전
이내 가슴에 묻어다오.

바다

실어다 뿌리는
바람처럼 씨워타[9].

솔나무 가지마다 새침히
고개를 돌리어 뻐들어지고[10],

밀치고
밀치운다.

이랑을 넘는 물결은
폭포처럼 피어오른다.
해변에 아이들이 모인다.
찰찰 손을 씻고 구보로.

바다는 자꾸 섧어진다.
갈매기의 노래에……

돌아다보고 돌아다보고
돌아가는 오늘의 바다여!

9 씨워타 : 시원타
10 뻐들어지고 : 버드러지고

무서운
시간

거 나를 부르는 것이 누구요,

가랑잎 이파리 푸르러 나오는 그늘인데,
나 아직 여기 호흡이 남아 있소.

한번도 손들어 보지 못한 나를
손들어 표할 하늘도 없는 나를
어디에 내 한 몸 둘 하늘이 있어
나를 부르는 것이오.

일을 마치고 내 죽는 날 아침에는
서럽지도 않은 가랑잎이 떨어질 텐데……

나를 부르지 마오.

못 자는 밤

하나, 둘, 셋, 넷
……

밤은
많기도 하다.

못 자는 밤

하나, 둘, 셋, 넷
……

밤은
많기도 하다.

사과

붉은 사과 한 개를
아버지 어머니
누나, 나, 넷이서
껍질째로 송치[11]까지
다 — 노나 먹었소.

11 송치 : 열매의 속

윤동주를 새기다

산울림

까치가 울어서
산울림.
아무도 못 들은
산울림.

까치가 들었다.
산울림.
저 혼자 들었다.
산울림.

산울림

까치가 울어서
산울림.
아무도 못 들은
산울림.

까치가 들었다.
산울림.
저 혼자 들었다.
산울림.

조개껍질

아롱아롱 조개껍데기
울 언니 바닷가에서
주워 온 조개껍데기

여긴여긴 북쪽 나라요
조개는 귀여운 선물
장난감 조개껍데기

데굴데굴 굴리며 놀다
짝 잃은 조개껍데기
한 짝을 그리워하네

아롱아롱 조개껍데기
나처럼 그리워하네
물소리 바닷물 소리.

참새

가을 지난 마당은 하이얀 종이

참새들이 글씨를 공부하지요.

째액째액 입으로 받아 읽으며

두 발로는 글씨를 연습하지요.

하루 종일 글씨를 공부하여도

째자 한 자밖에는 더 못 쓰는걸.

찬새

가을 지난 마당은 하이얀 종이
찬새들이 글씨를 공부하지요.

째액째액 입으로 받아 읽으며
두 발로는 글씨를 연습하지요.

하루 종일 글씨를 공부하여도
짹자 한 자밖에는 더 못 쓰는걸.

창구멍

바람 부는 새벽에 장터 가시는
우리 아빠 뒷자취 보고 싶어서
침을 발라 뚫어 놓은 작은 창구멍
아롱아롱 아침 해 비치웁니다

눈 내리는 저녁에 나무 팔러 간
우리 아빠 오시나 기다리다가
혀끝으로 뚫어 놓은 작은 창구멍
살랑살랑 찬바람 날아듭니다.

편지

누나!
이 겨울에도
눈이 가득히 왔습니다.

흰 봉투에
눈을 한 줌 넣고
글씨도 쓰지 말고
우표도 붙이지 말고
말쑥하게 그대로
편지를 부칠까요?

누나 가신 나라엔
눈이 아니 온다기에.

편지

누나!
이 겨울에도
눈이 가득히 왔습니다.

흰 봉투에
눈을 한 줌 넣고
글씨도 쓰지 말고
우표도 붙이지 말고
말쑥하게 그대로
편지를 부칠까요?

누나 가신 나라엔
눈이 아니 온다기에.

버선본

어머니
누나 쓰다 버린 습자지는
두었다간 뭣에 쓰나요?

그런 줄 몰랐드니
습자지에다 내 버선 놓고
가위로 오려
버선본 만드는걸.

어머니
내가 쓰다 버린 몽당연필은
두었다간 뭣에 쓰나요?

그런 줄 몰랐드니
천 우에다 버선본 놓고
침 발라 점을 찍곤
내 버선 만드는걸.

버선본

어머니
누나 쓰다 버린 습자지는
두었다간 뭣에 쓰나요?

그런 줄 몰랐드니
습자지에다 내 버선 놓고
가위로 오려
버선본 만드는걸.

어머니
내가 쓰다 버린 몽당연필은
두었다간 뭣에 쓰나요?

그런 줄 몰랐드니
천 우에다 버선본 놓고
침 발라 점을 찍곤
내 버선 만드는걸.

무얼
먹고 사나

바닷가 사람
물고기 잡아 먹고 살고

산골엣 사람
감자 구워 먹고 살고

별나라 사람
무얼 먹고 사나.

고향집
- 만주에서 부른

헌 짚신짝 끄을고
나 여기 왜 왔노
두만강을 건너서
쓸쓸한 이 땅에

남쪽 하늘 저 밑에
따뜻한 내 고향
내 어머니 계신 곳
그리운 고향 집

윤동주를 새기다

기왓장 내외

비 오는 날 저녁에 기왓장 내외
잃어버린 외아들 생각나선지
꼬부라진 잔등을 어루만지며
쭈룩쭈룩 구슬퍼 울음 웁니다.

대궐 지붕 위에서 기왓장 내외
아름답든 옛날이 그리워선지
주름 잡힌 얼굴을 어루만지며
물끄러미 하늘만 쳐다봅니다.

나무

나무가 춤을 추면

바람이 불고,

나무가 잠잠하면

바람도 자오.

나무

나무가 춤을 추면

바람이 불고,

나무가 잠잠하면

바람도 자오.

둘 다

바다도 푸르고
하늘도 푸르고

바다도 끝없고
하늘도 끝없고

바다에 돌 던지고
하늘에 침 뱉고

바다는 벙글
하늘은 잠잠.

돌아와 보는 밤

세상으로부터 돌아오듯이 이제 내 좁은 방에 돌아와 불을 끄옵니다. 불을 켜 두는 것은 너무나 피로롭은 일이옵니다. 그것은 낮의 연장이옵기에—

이제 창을 열어 공기를 바꾸어 들여야 할 텐데 밖을 가만히 내다보아야 방 안과 같이 어두워 꼭 세상 같은데 비를 맞고 오던 길이 그대로 비속에 젖어 있사옵니다.

하루의 울분을 씻을 바 없어 가만히 눈을 감으면 마음속으로 흐르는 소리, 이제, 사상思想이 능금처럼 저절로 익어 가옵니다.

4장

1947년 2월 13일 「쉽게 씌어진 시」 해방 후 최초 발표

반딧불

가자 가자 가자
숲으로 가자
달 조각을 주으러
숲으로 가자.

그믐밤 반딧불은
부서진 달 조각,

가자 가자 가자
숲으로 가자
달 조각을 주으려
숲으로 가자.

호주머니

넣을 것 없어

걱정이던

호주머니는,

겨울만 되면

주먹 두 개 갑북갑북.

호주머니

넣을 것 없어
걱정이던
호주머니는,

겨울만 되면
주먹 두 개 갑북갑북.

눈 감고
간다

태양을 사모하는 아이들아
별을 사랑하는 아이들아

밤이 어두웠는데
눈 감고 가거라.

가진 바 씨앗을
뿌리면서 가거라.

발부리에 돌이 채이거든
감았던 눈을 와짝 떠라.

간판 없는 거리

정거장 플랫폼에
내렸을 때 아무도 없어,

다들 손님들뿐,
손님 같은 사람들뿐,

집집마다 간판이 없어
집 찾을 근심이 없어

빨갛게
파랗게
불 붙는 문자도 없이
모퉁이마다
자애로운 헌 와사등[12]에
불을 켜 놓고,

손목을 잡으면
다들, 어진 사람들
다들, 어진 사람들

12 와사등 : 가스등

달갛이

연붇이 자라듯이
달이 자라는 고요한 밤에
달갛이 외로운 사람이
가슴 하나 뻐근히
연붇처럼 피어 나간다.

달같이

연륜이 자라듯이
달이 자라는 고요한 밤에
달같이 외로운 사랑이
가슴 하나 빠근히
연륜처럼 피어 나간다.

거리에서

달밤의 거리
광풍이 휘날리는
북국의 거리
도시의 진주
전등 밑을 헤엄치는
조그만 인어 나,
달과 전등에 비쳐
한 몸에 둘 셋의 그림자,
커졌다 작아졌다.

괴로움의 거리
회색빛 밤거리를
걷고 있는 이 마음
선풍이 일고 있네
외로우면서도
한 갈피 두 갈피
피어나는 마음의 그림자,
푸른 공상이
높아졌다 낮아졌다.

윤동주를 새기다

또 다른 고향

고향에 돌아온 날 밤에
내 백골이 따라와 한 방에 누웠다.

어둔 방은 우주로 통하고
하늘에선가 소리처럼 바람이 불어온다.

어둠 속에 곱게 풍화작용하는
백골을 들여다보며
눈물짓는 것이 내가 우는 것이냐?
백골이 우는 것이냐?
아름다운 혼이 우는 것이냐?
지조 높은 개는
밤을 새워 어둠을 짖는다.
어둠을 짖는 개는
나를 쫓는 것일 게다.

가자 가자
쫓기우는 사람처럼 가자
백골 몰래
아름다운 또 다른 고향에 가자.

달밤

흐르는 달의 흰 물결을 밀쳐
여윈 나무 그림자를 밟으며
북망산[13]을 향한 발걸음은 무거웁고
고독을 반려한 마음은 슬프기도 하다.

누가 있어만 싶은 묘지엔 아무도 없고,
정적만이 군데군데 흰 물결에 폭 젖었다

[13] 북망산 : 무덤이 많은 곳

윤동주를 새기다

내일은 없다,
– 어린 마음에 물은

내일 내일 하기에
물었더니,
밤을 자고 동틀 때
내일이라고.

새날을 찾던 나는
잠을 자고 돌아보니,
그때는 내일이 아니라,
오늘이더라.

무리여! 동무여!
내일은 없나니
…………

내일은 없다,
― 어린 마음에
  물은

내일 내일 하기에
물었더니.
밤을 자고 동틀 때
내일이라고.

새날을 찾던 나는
잠을 자고 돌아보니,
그때는 내일이 아니라.
오늘이더라.

무리여! 동무여!
내일은 없나니
…………

가슴 1

소리 없는 북,
답답하면 주먹으로
두드려 보오.

그래 봐도
후
가는 한숨보다 못하오.

가슴 1

소리 없는 북.
답답하면 주먹으로
두드려 보오.

그래 봐도
후
가는 한숨보다 못하오.

가슴 2

불 꺼진 화^火독을
안고 도는 겨울밤은 깊었다.

재만 남은 가슴이
문풍지 소리에 떤다.

모란봉에서

앙당한 소나무 가지에
훈훈한 바람의 날개가 스치고
얼음 섞인 대동강물에
한나절 햇발이 미끌어지다.

허물어진 성터에서
철모르는 여아들이
저도 모를 이국 말로
재잘대며 뜀을 뛰고

난데없는 자동차가 밀다.

윤동주를 새기다

길

잃어버렸습니다.
무얼 어디다 잃었는지 몰라
두 손이 주머니를 더듬어
길에 나아갑니다.

돌과 돌과 돌이 끝없이 연달아
길은 돌담을 끼고 갑니다.

담은 쇠문을 굳게 닫아
길 위에 긴 그림자를 드리우고
길은 아침에서 저녁으로
저녁에서 아침으로 통했습니다.
돌담을 더듬어 눈물짓다
쳐다보면 하늘은 부끄럽게 푸릅니다.

풀 한 포기 없는 이 길을 걷는 것은
담 저쪽에 내가 남아 있는 까닭이고,

내가 사는 것은, 다만,
잃은 것을 찾는 까닭입니다.

윤동주를 새기다

그 여자

한께 핀 꽃에 처음 익은 능금은
먼저 떨어졌습니다.

오늘도 가을바람은 그냥 붑니다.

길가에 떨어진 붉은 능금은
지나는 손님이 집어 갔습니다.

그 여자

함께 핀 꽃에 처음 익은 능금은
먼저 떨어졌습니다.

오늘도 가을바람은 그냥 붑니다.

길가에 떨어진 붉은 능금은
지나는 손님이 집어 갔습니다.

개

눈 위에서
개가

꽃을 그리며
뛰오.

식권

식권은 하루 세끼를 준다,

식모는 젊은 아이들에게,
한때 흰 그릇 셋을 준다,

대동강 물로 끓인 국,
평안도 쌀로 지은 밥,
조선의 매운 고추장,

식권은 우리 배를 부르게.

식권

식권은 하루 세끼를 준다.

식모는 젊은 아이들에게
한때 흰 그릇 셋을 준다.

대동강 물로 끓인 국,
평안도 쌀로 지은 밥,
조선의 매운 고추장,

식권은 우리 배를 부르게.

양지쪽

저쪽으로 황토 실은 이 땅 봄바람이
호인[14]의 물레바퀴처럼 돌아 지나고

아롱진 사월 태양의 손길이
벽을 등진 설움은 가슴마다 올올이 만진다.

기도 째기 놀음에 뉘 땅인 줄 모르는 애 둘이
한 뼘 손가락이 짧음을 한함이여

아서라! 가뜩이나 엷은 평화가
깨어질까 근심스럽다.

14 호인 : 만주 사람

양지쪽

저쪽으로 황토 실은 이 땅 봄바람이
로인의 물레바퀴처럼 돌아 지나고

아롱진 사월 태양의 손길이
벽을 등진 설움은 가슴마다 올을이 만진다.

지도 째기 놀음에 뉘 땅인 줄 모르는 애 둘이
한 뼘 손가락이 짧음을 한함이여

아서라! 가뜩이나 엷은 평화가
깨어질까 근심스럽다.

한난계[15]

싸늘한 대리석(大理石) 기둥에 모가지를 비틀어맨
한난계(寒暖計),
문득 들여다볼 수 있는 운명(運命)한
오척육촌(五尺六寸)의 허리 가는 수은주,
마음은 유리관보다 맑소이다.

혈관(血管)이 단조(單調)로워 신경질(神經質)인
여론동물(輿論動物),
가끔 분수같은 냉(冷)침을 억지로 삼키기에
정력을 낭비(浪費)합니다.

영하로 손가락질 할 수돌네 방(房)처럼
추운 겨울보다 해바라기 만발한
팔월 교청이 이상(理想) 곱소이다.
피끓을 그날이—

[15] 한난계: 온도계의 북한어

윤동주를 생각하다

어제는 막 소낙비가 퍼붓더니 오늘은 좋은 날씨올시다.

동저고리 바람에 언덕으로, 숲으로 하시구려—

이렇게 가만 가만 혼자서 귓속이야기를 하였습니다.

나는 또 내가 모르는 사이에—

나는 아마도 진실真實한 세기世紀의

계절季節을 따라—

하늘만 보이는 울타리 안을 뛰쳐,

역사歷史같은 포지션을 지켜야 봅니다.

윤동주를 새기다

흐르는 거리

　으스럼히 안개가 흐른다. 거리가 흘러간다. 저 전차, 자동차, 모든 바퀴가 어디로 흘리워 가는 것일까? 정박할 아무 항구도 없이, 가련한 많은 사람들을 싣고서, 안개 속에 잠긴 거리는,

　거리 모퉁이 붉은 포스트 상자를 붙잡고 섰을라면 모든 것이 흐르는 속에 어렴풋이 빛나는 가로등, 꺼지지 않는 것은 무슨 상징일까? 사랑하는 동무 박朴이여! 그리고 김金이여! 자네들은 지금 어디 있는가? 끝없이 안개가 흐르는데,

　'새로운 날 아침 우리 다시 정답게 손목을 잡어 보세' 몇 자 적어 포스트 속에 떨어뜨리고, 밤을 새워 기다리면 금휘장에 금 단추를 삐었고 거인처럼 찬란히 나타나는 배달부, 아침과 함께 즐거운 내림來臨,

　이 밤을 하염없이 안개가 흐른다.

 가슴에 품고 싶은 시가 생겼다면 적어 보세요.

김구 1876년 8월 29일 ~ 1949년 6월 26일

독립운동가이자 정치가로서 일제강점기에 대한민국 임시정부에서 활동하였다. 일본의 패전으로 대한민국이 광복을 맞이한 후에는 자주적인 통일 정부를 세우고자 노력하였다.

한용운 1879년 8월 29일 ~ 1944년 6월 29일

독립운동가이자 불교에 귀의한 승려이자 민족시를 노래한 시인이다. 민족대표 33인 중 불교계를 대표하며 저항문학과 3.1 독립선언을 이끌었다. 불교의 현실 참여를 강하게 주장하였다.

안중근 1879년 9월 2일 ~ 1910년 3월 26일

독립운동가로서 삼흥학교를 세우는 등 인재양성에 힘을 기울였다. 하얼빈에서 국권 피탈의 원흉 을사늑약을 강요한 인물인 이토 히로부미를 사살하고 사형을 선고받아 순국하였다.

윤봉길 1908년 6월 21일 ~ 1932년 12월 19일

1932년 상하이 홍커우 공원에서 있던 일왕의 생일 행사장에 폭탄을 투하하였고 이때 일본 군사 주요 인물들이 사상시킨 의사이다. 현장에서 일본군에 의해 체포당하고 총살형을 받아 그해 순국하였다.

하루 한 편
윤동주를 새기다

1판 1쇄 발행 2022년 2월 4일

저　자 | 윤동주
발 행 인 | 김길수
발 행 처 | ㈜영진닷컴
주　소 | (우)08507 서울 금천구 가산디지털2로 128
　　　　　STX-V타워 4층 401호
등　록 | 2007. 4. 27. 제16-4189호

©2022. ㈜영진닷컴

ISBN | 978-89-314-6538-9

이 책에 실린 내용의 무단 전재 및 무단 복제를 금합니다.
파본이나 잘못된 도서는 구입하신 곳에서 교환해 드립니다.

YoungJin.com **Y.**
영진닷컴